AF316857

VIE

DE

NAHOMI FAYSSE

DE

CLARENSAC (Gard).

NIMES

IMPRIMERIE ROGER ET LAPORTE

Place Saint-Paul, 5.

—

1881

VIE

DE NAHOMI FAYSSE

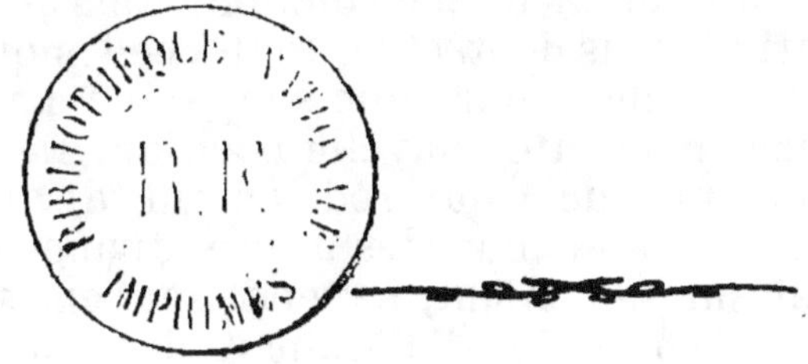

Nahomi Faysse naquit le 14 février 1843, à Clarensac (Gard), où son père exerçait les fonctions d'instituteur. Elle était encore bien jeune lorsque ses parents furent retirés, par le Seigneur, du sein de la mondanité ou d'une piété formaliste, et amenés à la connaissance réelle de leur état de péché. En s'appliquant à transmettre ce bienfait à leurs enfants, ils trouvèrent dans la petite Nahomi surtout un cœur accessible à la vérité. Son père avait pris l'habitude de la faire prier tous les soirs avant de s'endormir; elle ne manquait jamais de lui rappeler ce devoir lorsqu'il lui arrivait de l'oublier. Un peu plus tard, elle apprit à chercher Dieu elle-même, et pria plus d'une fois, avec une sincère repentance, dans les petites réunions de Clarensac et de Saint-Cômes.

Nahomi avait pour son frère, plus âgé qu'elle d'environ trois ans , une affection profonde. S'il commettait quelque faute en sa présence , elle l'en avertissait d'abord , sans le dire à personne, de peur qu'il ne fût châtié. S'il y retombait, elle en informait ses parents , après leur avoir fait promettre, toutefois, de ne pas le punir, du moins sévèrement : « Si vous le frappiez, leur disait-elle, je n'oserais plus vous rien rapporter ; j'aimerais mieux être punie à sa place. »

A l'âge de dix ans, Nahomi fut placée à Nimes, dans un pensionnat de création récente, qui fut pour elle et plusieurs de ses compagnes un séjour de bénédiction. En s'attachant aux personnes qui l'instruisaient, et surtout à celles qui s'intéressaient à son âme, elle montra que son jeune cœur appréciait les avantages de cette nouvelle position. Le démon toutefois, « cet ennemi cruel, qui rôde autour de nous et cherche à nous dévorer », jaloux des grâces divines que le Seigneur répandait sur son enfant, se jetait souvent sur elle pour en arrêter le cours, et l'entraînait dans la rébellion ou dans la légèreté , — légèreté tellement grande que ses pensées et ses actions en étaient parfois désordonnées. Mais le germe divin, caché dans le fond de son cœur, refleurissait aussitôt qu'une amie fidèle lui déclarait la vérité. Elle gémissait , déplorait son état spirituel , et, délivrée pour un temps, demeurait plus calme, jusqu'à ce qu'une autre occasion la fît encore tomber dans le piège. Il fallait alors aux personnes qui l'entouraient un œil clairvoyant pour découvrir le principe de droiture qui n'avait pas été détruit, une main ferme et une grande patience pour travailler à le ranimer.

Le travail des sages ne fut pas inutile, et les soupirs de l'Esprit, qui intercède pour les élus de Dieu dispersés , trouvèrent un cours plus libre dans le cœur de Nahomi. Elle chercha le Seigneur avec persévérance , et souvent on la surprit priant seule ou lisant la Bible dans quelque endroit retiré. Ses combats pour obtenir le pardon furent d'abord pénibles ; car, réveillée à la fois devant les fruits et devant la racine même du péché, elle se voyait trop coupable pour que Dieu pût lui pardonner ; humiliée sous le poids de la justice divine, elle se laissait encore lier par un reste d'incrédulité qui l'empêchait d'embrasser l'amour insondable de Christ. Aussi lui fallut-il plusieurs mois pour saisir un témoignage dont elle avait déjà savouré la douceur et qui lui appartenait dans le cœur de Dieu.

Mais l'œuvre de repentance et de foi avait été profonde, et Nahomi ne s'arrêta pas en chemin ; moins placée sous la loi, mais pressée par l'amour, elle voulait être fidèle et s'éloigner de toute souillure. Cette préoccupation, devenue constante, obligeait à veiller sur elle ; car, en négligeant ses études, elle oubliait sa nourriture et perdait même le sommeil. Lui adressait-on des reproches sur son manque d'attention, elle répondait avec simplicité : « Je fais tout ce que je puis. » La punissait-on parce qu'elle avait mal rempli ses devoirs d'élève, elle ne murmurait pas, mais n'en devenait pas plus appliquée. « Tout m'échappe, disait-elle à ses parents ; je vois avec peine que mes institutrices ne sont pas satisfaites, mais le ciel est plus précieux pour moi que la terre. »

La suite a bien prouvé que l'orgueil et la paresse n'avaient aucune part dans la conduite de Nahomi, mais qu'elle était dominée par le travail de l'Esprit, qui, selon la prescience divine, la préparait pour son prochain délogement. Peu de personnes ont discerné cette œuvre cachée. Il était difficile de ne pas traiter Nahomi comme le sacrificateur Héli avait traité Anne, la mère de Samuel : « Jusques à quand seras-tu ainsi ivre ? va cuver ton vin. » Comme Anne, cette aimable fille de Sion aurait pu répondre : « Je n'ai bu ni vin ni cervoise ; » — la légèreté et la rébellion ne m'entraînent plus ; — mais je répands mon âme devant l'Eternel. » Ce n'étaient plus, en effet, des pensées errantes qui occupaient son esprit, mais plutôt ces paroles de l'Ecriture : « Travaillez pendant qu'il est jour ; car la nuit vient, pendant laquelle personne ne peut travailler. » (1) Il n'y a point de fin à faire beaucoup de livres ; et tant d'étude n'est que du tourment qu'on se donne. Le but de tout le discours qui a été entendu, c'est : Crains Dieu et garde ses commandements ; car c'est là le tout de l'homme. (2)

Les voies de Dieu envers les siens sont infiniment diverses. Qui pourrait borner son bras et lui dire : Que fais-tu ? Après nous avoir détachés du monde en élevant nos cœurs

(1) Jean ix. 4.
(2) Eccl. xii, 14-16

jusqu'à lui, il lui plaît le plus souvent de nous envoyer dans le monde pour y manifester sa gloire, savoir, l'amour dont il nous a revêtus. Aucun de ceux qu'il pousse dans sa vigne ne doit trouver le labeur trop long, aucun ne doit lui dire, en face d'une épreuve nouvelle : « Je te prie, Eternel, retire mon âme. » (1) Car lors même que Dieu l'enlèverait au ciel par un tourbillon, il n'en aurait pas moins perdu le privilège d'être appelé, par la foi, plus que vainqueur. Mais quant au serviteur que le Maître lui-même rappelle parce qu'il a achevé sa course, il reçoit une parfaite récompense de son travail. Si nous sommes en Christ, soit que nous vivions, soit que nous mourions, nous sommes avec Lui, et notre force est en son bras puissant.

Nahomi avait quatorze ans lorsqu'une maladie de poitrine se déclara chez elle, à la suite d'un gros rhume, et lui fit suspendre ses études d'une manière complète. Le mal faisant tous les jours des progrès rapides, ses parents la rappelèrent auprès d'eux à Cette, où ses souffrances se prolongèrent deux mois. Mais plus le mal empirait, plus la paix de Nahomi devenait profonde. A Beauvoisin, où elle passa quelques jours, un pasteur de l'Eglise libre ayant eu l'occasion de l'interroger sur sa foi, fut étonné de trouver chez une si jeune fille un témoignage aussi clair du pardon, et il la bénit en lui disant : Que le Seigneur soit avec toi, va en paix.

Le témoignage qu'elle rendit à Cette au milieu de sa famille et de l'Eglise de Dieu, ne fut pas moins réjouissant. Ses chers parents lui parlaient-ils de ses souffrances, elle répondait : « Mon Sauveur a bien plus souffert que moi. Pour moi, je n'endure pas ce que mes forfaits ont mérité ; mais Jésus, innocent, a souffert à ma place. Lui n'a pas eu un lieu pour reposer sa tête, moi j'ai un lit bien doux, et vous qui me soignez si bien. Suis-je digne de tant de bienfaits ? L'amour de Dieu est infiniment plus grand que nous ne pouvons le comprendre. Lorsque nous étions pécheurs, il a envoyé son Fils pour nous sauver. Aussi ne peut-il plus nous délaisser. Il est fidèle dans ses promesses, et les accomplira si nous le désirons ardemment. »

(1) I Rois XIXI 4.

La reconnaissance de Nahomi, pour les moyens de grâce qui lui étaient offerts, était encore plus vive. C'était avec une joie toujours nouvelle qu'elle voyait entrer dans sa chambre les conducteurs et les membres les plus vivants de l'Eglise. Mme Armengaud n'étant pas venue la voir de quelques jours, sa mère le lui fit remarquer : « Oh ! répliqua-t-elle, je sais bien qu'elle m'aime, qu'elle pense à moi ; et, si elle ne vient pas, c'est qu'elle est occupée. Que nous sommes heureux, disait-elle encore, d'avoir des conducteurs selon le cœur de Dieu, pour nous diriger dans la vérité et la pureté de l'Evangile ! Si ceux qui méprisent l'Eglise de Dieu voyaient quelle sera leur condamnation, ils frémiraient et s'amenderaient promptement. Je la vois cette condamnation, écrite dans le livre de vie ! — Quelle confusion éprouveront les hommes qui, attendant Jésus pour être glorifiés, le verront venir pour les détruire, parce qu'ils auront fait la guerre à son œuvre ! »

Les ravages de la phthisie ayant été prompts et terribles, le médecin déclara bientôt que trois semaines seraient le terme de la vie de Nahomi. En voyant son père s'approcher d'elle les yeux pleins de larmes, après la visite du docteur, elle comprit ce qu'il voulait lui annoncer, et en reçut une impression profonde. « Qu'éprouves-tu, chère fille ? tu vas bientôt nous quitter ! » — « Ma joie n'en est pas troublée, mon père ; si je suis émue, c'est parce que je vous vois pleurer. Et puisque la volonté du Seigneur est de me rappeler à lui, je la trouve bonne, agréable et parfaite. » La paix de son cœur ne cessa pas de resplendir sur son visage, et dès lors, elle répéta souvent : « Les souffrances du temps présent ne sont pas à comparer avec la gloire à venir, qui sera manifestée en nous. » « Au dernier jour, ajouta-t-elle, tout sera mis en évidence, je vois ma mère en la foi dans le ciel, entourée de ses enfants, et je suis une perle de sa couronne. » (I Thes. II, 19-20).

Ce ne fut pas sans un combat de foi qu'elle reçut ce beau témoignage. Quelques jours auparavant, elle disait à son père : « Je meurs si jeune, et n'ayant rien fait pour Dieu, je ne serai sauvée, n'est-ce pas, que comme au travers du feu ? » — « Abel mourut jeune, ma fille, mais sa foi le rendit agréable au Seigneur et ses œuvres parlent encore, quoiqu'elles fussent sans éclat. C'est ici l'œuvre de Dieu que vous croyiez en Celui qu'il a envoyé. » — Nahomi sonda son cœur et y trouva avant tout, la confiance et l'affection qu'une âme humiliée éprouve pour son Sauveur. — Mme Armengaud vint la voir le même jour, confirma ce témoignage et put lui dire avec assurance : Je crois que , par la foi en Jésus-Christ , ton cœur est aussi pur que le mien. Tu es une véritable Israélite en qui il n'y a point de fraude. (Jean i, 47).)

Tous, et la vérité elle-même, écrivait l'apôtre Jean, rendent un bon témoignage à Démétrius; nous le lui rendons aussi, et vous savez que notre témoignage est véritable. (1)

Pour nous réjouir sans réserve d'une œuvre de Dieu en nous , il faut que la vérité, partout où elle habite, nous rende témoignage , par la bouche de nos frères et de nos conducteurs spirituels , par la parole écrite, la voix de la conscience, et que l'Esprit venant du ciel mette le dernier sceau. Lorsqu'il en est ainsi, notre fruit est pour Dieu et notre feuillage sert à la guérison des Gentils. (2) Telle fut l'expérience de Nahomi durant ses derniers jours. Des parents inconvertis vinrent la voir à diverses reprises, pendant sa maladie, et furent étonnés de son calme et de sa constante douceur. L'un d'eux lui demanda : « Es-tu heureuse ? » — «Très heureuse.» — « Mais n'es-tu pas comme un petit enfant qui croit tout ce qu'on lui dit ? Parce que tu as entendu parler de Dieu et du bonheur dont jouissent les chrétiens, tu t'es imaginée d'être chrétienne et heureuse ! »—Nahomi répliqua en souriant : «Ce n'est pas parce qu'on me l'a dit, mais parce que je l'éprouve, avec force et clarté, au dedans de moi. Ce n'est pas une illusion. D'autres fois j'ai entendu parler de Dieu, et cependant je n'en étais pas plus heureuse, car je ne croyais pas en Celui qui mourut et ressuscita pour moi. Mais maintenant, je crois!» Cette réponse atteignit le cœur de celui qui l'interrogeait, et il sortit pour pleurer, — «Oh! combien je bénirais Dieu, nous dit Nahomi, si je pouvais, avant ma mort, apprendre sa conversion et celle de mes autres parents. »

Nahomi s'étonnait beaucoup en voyant que, dans l'Eglise de Dieu, il se trouvait des âmes qui raisonnaient contre la

(1) III Jean 12.
(2) Apoc. xxii, 2.

vérité, et refusaient d'obéir à la justice. Ces personnes-là, disait-elle, ne sont pas de Dieu, et que deviendront-elles, si elles persistent dans ce chemin ! » — Elle discernait bientôt si les visites qu'elle recevait exhalaient la bonne odeur de Christ, et sa fatigue était grande lorsque l'entretien roulait seulement sur des objets périssables, ou que l'on déplorait sa mort prochaine à la manière des hommes. Un jour, entendant pleurer sa mère, elle l'appela : « Ma mère, pourquoi pleures-tu ? Prie, à quoi aboutiront tes larmes ?» — «Ce sont tes grandes souffrances qui m'attristent. » — « Dieu n'est-il pas amour ? c'est lui qui m'envoie la douleur, afin que je le glorifie. J'ai appris, avec l'apôtre Paul, à être contente de tout. »—Un autre jour, elle dit encore à sa mère : « Serais-tu heureuse comme je le suis, si tu étais aussi malade que moi ? » — Sa mère, pour l'éprouver, répliqua : « Quant à toi, tu n'as pas de soucis ; tu es bien soignée ; mais moi, mère de famille, avec un ménage sur les bras , je ne serais peut-être pas aussi calme. » — « Mais ne sais-tu pas qu'il faut tout quitter pour suivre Jésus, et que les choses d'en bas ne sont plus rien, quand le cœur est vraiment tourné vers Dieu ? »

Elle avait sept francs dans sa bourse, et cette aimable enfant voulut en disposer en faveur du Refuge, ouvert tout récemment à Nimes, aux jeunes filles vicieuses ou indisciplinées. «C'est bien peu, dit-elle en remettant sa petite épargne, si j'en avais davantage, je le donnerais avec bonheur. »

Les réunions générales de l'Eglise eurent lieu à Cette vers cette époque, et Nahomi y assista avec reconnaissance, à demi-couchée sur un canapé, à cause de sa grande faiblesse. Les différents moyens de grâce, les nombreuses visites de ceux qui l'aimaient, rien ne pouvait la fatiguer ; elle abandonnait aux autres le soin d'épargner son corps. Mme Armengaud lui demanda si elle avait l'esprit de martyre, et si elle serait disposée à mourir plutôt que de ne pas confesser la vérité. — Elle répondit : Je possède ces dispositions et Dieu est mon tout. — « Puisque tu es animée de l'esprit de martyre, tu auras certainement part à la première résurrection. » (1) Nahomi tourna ses regards vers Dieu et dit : « Je le crois ! »

(1) Apocal. **xx**, 6.

Elle écouta avec bénédiction la lecture du cantique que M. Armengand avait composé pour être chanté sur sa tombe, et ce bien-aimé pasteur ayant cependant exprimé à d'autres la pensée que, si Dieu voulait, il pouvait encore la rétablir, Nahomi ne saisit pas ces paroles comme une espérance de relèvement, mais répondit à ceux qui les lui rapportèrent, que la puissance de Dieu était, en effet, sans bornes; mais qu'un relèvement corporel était en dehors de toutes ses prévisions. — D'un autre côté, nous ne trouvions chez elle aucune trace de cette impatience que beaucoup de chrétiens ignorants ont manifestée à l'égard de la mort, pour être, disaient-ils, délivrés du péché. Nahomi avait accepté une meilleure doctrine, en donnant son cœur, dès ici-bas, à Celui qui était descendu pour l'affranchir de la loi du péché et de la mort. (1) Quant à son départ de ce monde, elle disait: « Que la volonté de Dieu soit faite. » Deux ou trois jours seulement avant sa fin, comprenant que son œuvre d'enfant, d'agneau (2) sans tache était achevée sur la terre, et agréée de Dieu, elle exprima le désir « de déloger pour être avec Christ, ce qui lui serait beaucoup meilleur. » (3)

Nous laisserons maintenant parler son père, aux souvenirs duquel nous avons emprunté presque tous les détails qui précèdent :

« Le dernier jour de la vie terrestre de ma chère enfant, M. et Mme Armengaud passèrent avec nous toute l'après-midi au chevet de son lit, croyant d'un moment à l'autre la voir expirer. Après la lecture de plusieurs portions des Écritures, appropriées à la circonstance, et expliquées avec la lumière et la vie qui viennent de Dieu, nous priâmes dans la chambre, avec une grande bénédiction; Nahomi se ranima et sortit, en nous écoutant, de son état de défaillance. Le soir, je la quittai pour me rendre au culte. Rentré chez moi, je trouvai ma fille bien-aimée à ses derniers moments ! Nos chers conducteurs vinrent nous rejoindre avec plusieurs de nos frères. Ils la virent calme et heureuse. Mme Armengaud lui demanda: Veux-tu que nous chantions

(1) Rom. viii, 1-4.
(2) Esaïe xl, 11.
(3) Philipp. i, 23.

un cantique ? — Oui, répondit-elle. — Pendant le chant, ses regards s'élevaient vers le ciel où son cœur pénétrait déjà. Notre chère mère en la foi lut encore dans le Livre des livres, et fit monter vers Dieu une prière pleine d'onction, en lui remettant cette âme précieuse, dont elle avait pris soin jusqu'à la fin, comme devant rendre compte. (1)

» La mort s'avançait à grands pas, mais comme l'agonie paraissait devoir durer jusqu'au matin, nos amis se décidèrent à prendre du repos. Ma femme dit alors à Nahomi : Les amis vont se retirer, et il est possible que tu ne les revoies plus sur la terre. Ayant beaucoup de peine à parler, elle leur tendit sa main tremblante en signe d'adieu. Tous l'embrassèrent en lui disant : Au revoir, dans le ciel !

» A deux heures du matin, sa mère lui lut le huitième chapitre de l'épître aux Romains. — Tu comprends maintenant, même au sein de la mort, qu'il n'y a aucune condamnation pour ceux qui sont en Jésus-Christ ? — La joie se peignit encore sur le visage de Nahomi, lorsqu'elle répondit doucement : Oh ! oui ! — Un peu plus tard, ce fut le psaume 23me qu'elle put encore comprendre. Sa mère lui dit alors : Le moment est venu pour toi de traverser la vallée de l'ombre de la mort. Que le Seigneur te soutienne jusqu'à ton entrée dans le ciel ! — Elle murmura faiblement : Oui !... oui !... et rendit le dernier soupir. Elle avait à peine quatorze ans et demi.

» Le dimanche, jour de sa mort, Mme Armengaud invita sérieusement ses auditeurs à ne pas se contenter des premiers éléments de la piété, et, rappelant l'expérience chrétienne de celle qui venait de passer de la terre au ciel, elle nous exhorta à imiter sa foi, son amour pour Dieu, son dévouement pour son œuvre. Le lendemain, nous accompagnâmes, au lieu du repos, les restes mortels de ma chère enfant. Là, notre fidèle pasteur, M. Armengaud, montra, par cette mort prématurée, combien nos jours sont courts, et pressa les membres de l'Eglise et les autres auditeurs de s'élever jusqu'à Dieu, pour l'aimer de toute leur âme et de toute leur pensée.

» Puisse la grande épreuve qu'il a plu au Seigneur de

(1) Héb. XIII, 17.

nous dispenser, ne pas rester sans fruit pour nos âmes !
Puissions-nous entrer ensemble dans les voies d'une entière
fidélité, afin qu'au jour de la détresse, nous disions avec le
psalmiste : « L'Eternel est ma lumière et ma délivrance, de
qui aurais-je peur ? L'Eternel est la force de ma vie ; de
qui aurais-je de la crainte ? » (Ps. xxvii).

Nous ne terminerons pas cette courte notice sur Nahomi
Faysse, sans rappeler le souvenir de sa mère et de son frère
Edouard, qui l'ont suivie dans la tombe, à peu d'années d'in-
tervalle. Leur vie chrétienne, irréprochable aux yeux des
hommes, a eu, aux yeux de Dieu, des imperfections et
des taches ; car les forces de la vieille nature ont longtemps
lutté contre l'Esprit. Néanmoins, au milieu même de ces
nombreuses imperfections, ils ont toujours aimé la répré-
hension du juste, et haï la flatterie du méchant, qui dit : Paix
et sûreté, là où il n'y a point de paix. (1) Et ceux qui aimaient
leurs âmes ont toujours conservé l'espérance que le
fondement du salut gratuit ne leur serait pas enlevé.
Mais, grâces à Dieu, qui, par la vertu qu'il déploie dans ses
bien-aimés, « peut faire infiniment plus que ce qu'ils osent
penser et désirer, » (2) cette attente a été dépassée. L'E-
glise a vu deux de ses membres, dont ni la foi, ni l'amour
fraternel ne lui avaient servi de modèles au jour de la pros-
périté, s'humilier sous l'épreuve et glorifier le Seigneur
avant de quitter ce monde, en rendant le témoignage que
les liens de la chair, qui les avaient si longtemps retenus,
étaient brisés pour jamais.

La mort d'Edouard Faysse, survenue le 4 décembre
1864, à Uchaud, où il s'était fixé depuis quelque temps,

(1) Ezec. xiii, 10.
(2) Eph. iii, 20.

a surtout offert, d'une manière irrécusable , les caractères du triomphe de la grâce. Entraîné au tombeau, à la fleur de l'âge, par une maladie douloureuse, dont les dernières phases ont été de vraies tortures, il a invoqué le secours de Celui qui, ayant souffert lui-même, sait aussi compatir à nos infirmités. Un pardon abondant a couvert le passé, et tandis que l'homme extérieur tombait en ruines, l'esprit était transformé et créé à l'image de Dieu : la foi remplaçait le doute, et l'orgueil faisait place à l'amour.

Rempli d'une espérance nouvelle, ce cher enfant de Dieu n'a plus regardé aux choses visibles qui ne sont que pour un temps, mais aux invisibles , qui sont éternelles. Aussi les liens qui l'unissaient aux membres de sa famille, selon la chair ou selon l'Esprit , qui se sont endormis avant lui dans la foi, ont-ils été resserrés après la mort. Dans la résurrection , il est vrai, les hommes ne prennent point de femmes, ni les femmes de maris , car les lois de la nature n'existent plus ; mais tous ceux qui sont enfants de Dieu se trouvent unis entre eux par des liens impérissables.

M. Edouard Krüger avait assisté notre ami pendant ses derniers jours. Appelé à prêcher sur sa tombe à une foule attentive, il rendit témoignage avec bonheur à l'œuvre excellente qu'avait accomplie la miséricorde de Dieu. Il lut les bénédictions que le méchant Balaam, saisi par l'Esprit prophétique de Christ , avait appelées sur la tête du peuple de Dieu, et insista surtout sur ce vœu, en apparence si pur : « Que je meure de la mort des hommes droits, et que ma fin soit semblable à la leur. » Ce vœu ne sauva pas Balaam car tout en désirant une éternité bienheureuse, il aima mieux jouir pour un peu de temps des délices du péché que de porter l'opprobre de Christ, en se joignant à son peuple.

L'amour des richesses et de la gloire lui fit bientôt oublier la volonté de Dieu, clairement manifestée. Ce fut lui qui engagea Balak à tendre un piège aux enfants d'Israël afin de les entraîner dans l'idolâtrie. Il espérait que Dieu, dans sa colère, les rejetterait pour toujours, et les abandonnerait à leurs ennemis. Cette attente fut trompée ; car le Seigneur, après avoir châtié son peuple, lui fit passer au fil de l'épée les Moabites, et Balaam avec eux.

Telle est l'opposition qui existe chez beaucoup d'hommes,

entre l'intelligence et le cœur. Eblouis un moment par la lumière divine, émus par quelque manifestation extraordinaire de la puissance et de l'amour de Christ, ils ne s'humilient pas comme Saul devant la vision céleste, mais consultent encore la chair et le sang. » Les soucis, les convoitises, les liens légitimes de cette vie reprennent bientôt leur empire, étouffent la semence évangélique et l'empêchent de porter du fruit à maturité.

Les habitants d'Uchaud et des villages environnants, qui avaient eu connaissance du témoignage béni rendu par le défunt, furent exhortés à entrer dans la même voie que lui, à se repentir *envers Dieu*, afin d'obtenir par la foi en Jésus-Christ le pardon de leurs péchés et le don du Saint-Esprit qui est la vie éternelle.

Si nous souffrons avec Lui, nous règnerons aussi avec Lui, et pour mourir de la mort du juste, il nous faut vivre de sa vie.

M. Faysse père, dont la sincère piété était appréciée de tous, ne survécut que peu d'années à son fils.

Pendant une maladie de plusieurs mois, la prière et la lecture de la Bible furent de précieux moyens pour développer sa foi au sacrifice du Fils de Dieu. Comprenant mieux la gratuité du salut tout entier, il comprit aussi qu'il n'avait aimé et servi Dieu qu'imparfaitement ; sa repentance devint profonde et sa paix abondante. Dès lors, un amour tout nouveau remplit son cœur, et ses paroles exprimaient la joie et la reconnaissance.

« Il est si doux d'aimer Dieu, pourquoi se priver d'un tel bonheur ? disait-il souvent à ceux qui l'entouraient. L'Eternel est mon berger, je n'aurai point de disette, mon âme, bénis l'Eternel et n'oublie aucun de ses bienfaits. »

La mort avançait rapidement ; notre ami en parlait avec calme à tous ceux qui l'approchaient.

« Dans quelques heures, je serai auprès de mon Sauveur, dit-il à plusieurs reprises avant d'expirer. »

Il s'endormit, en effet, du sommeil du juste, et, grâce à la miséricorde infinie du Père et au don de son Fils, il voit Dieu face à face et se réjouit avec les saints déjà glorifiés.

Sainte cité, demeure ravissante,
Palais sacré qu'habite le grand Roi
Où doit régner une paix permanente,
Quoi de plus doux que de penser à toi ?

Dans tes parvis tout n'est plus qu'allégresse,
Chants de triomphe, ineffables plaisirs ;
Là plus de deuil, plus de maux, de tristesse ;
Là plus d'ennuis, de langueurs, de soupirs.

Tes habitants ne craignent plns l'orage,
Ils sont au port, ils y sont pour jamais ;
Un calme entier devient leur doux partage ;
Dieu, daus leur cœur, verse un fleuve de paix.

De quel éclat Jésus les environne !
Qu'ils sont heureux ! qu'ils brillent de clarté !
Rien ne saurait y flétrir leur couronne :
Leur vêtement est l'immortalité.

Pour eux, Seigneur, il n'est plus d'inconstance,
Tout est soumis au joug de ton amour ;
L'affreux péché n'a plus là de puissance,
Tout te célèbre en cet heureux séjour.

Nimes, imp. Roger et Laporte, place Saint-Paul, 5.

www.ingramcontent.com/pod-product-compliance
Lightning Source LLC
Chambersburg PA
CBHW061034090726
47597CB00014B/4202